LE JOURNALIER DES CHAMPS,

PAR

M. Caillon,
Membre correspondant de la Société impériale d'Emulation de l'Ain.

BOURG,
IMPRIMERIE DE MILLIET-BOTTIER.

1858.

LE JOURNALIER
DES CHAMPS,

PAR

M. Caillon,

Membre correspondant de la Société impériale d'Emulation de l'Ain.

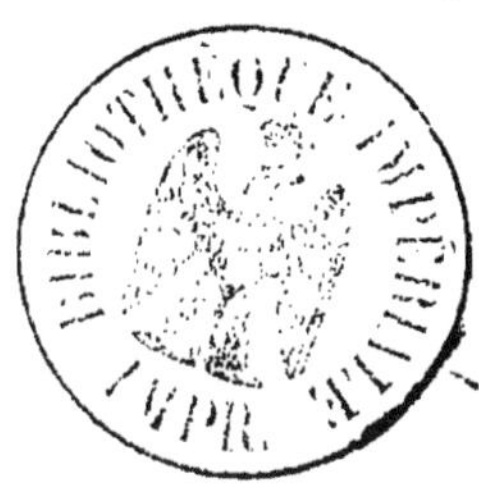

BOURG,

IMPRIMERIE DE MILLIET-BOTTIER.

1858.

LE JOURNALIER DES CHAMPS.

HOMMAGE

à la Société impériale d'Émulation de l'Ain.

Le journalier des champs manque à ma galerie,
Esquissons-en les traits, Muse, sans flatterie;
Prête-moi tes crayons. C'est à toi que je dois
L'honneur de faire entendre ici ma vieille voix.
Ma confiance peut avoir été trompée :
Simple doit se montrer ma rustique épopée,
Mais digne toutefois d'un cercle d'auditeurs,
Agronomes diserts, savants littérateurs,
Dont l'esprit élevé, l'oreille chatouilleuse,
Ecoutant d'un écrit la lecture orgueilleuse,
Veulent que la raison, en l'absence du goût,
Intéresse le cœur, ce mobile de tout.

Offerebat, CAILLON.

LE JOURNALIER DES CHAMPS.

ÉPITRE AUX MANOUVRIERS.

Modestes journaliers qui fatiguez la terre,
Ma Muse qui vous aime et n'en fait point mystère,
Vient, quand vous vous plaignez du poids de votre sort,
De vos cœurs abattus remonter le ressort.
Chaque profession a sa hiérarchie
Que peut seule improuver une âme irréfléchie,
Le Ciel le veut ainsi. Le beau métier des champs
A, comme tous les arts, ses degrés et ses rangs.
Si Dieu vous a placés au pied de cette échelle,
C'est pour la soutenir : sans vous elle chancelle.
Ne l'abandonnez point, sa chute vous tuerait.
Et d'ailleurs tôt ou tard (de Dieu c'est le secret)
A l'aide du travail et de la patience,
Vous monterez aussi, j'en ai la conscience :
Cela s'est vu, cela se voit même aujourd'hui,
Aux petits comme aux grands le travail donne appui.

Vous vous le rappelez : une folle utopie,
Sous le masque imposteur de la philantropie,
Vous offrant un lambeau du pouvoir souverain,
A failli vous livrer aux horreurs de la faim.
Au riche qui vous paie en arrachant sa bourse,
De votre revenu vous tarissiez la source.
La poule qui vous pond chaque jour un œuf d'or,
Il fallait l'éventrer pour avoir son trésor,

Pour être d'un seul coup ce que l'envie appelle
Riches à remuer les écus à la pelle.
Et la poule tuée, adieu l'œuf quotidien!
Ce trésor qu'on rêvait immense, n'était rien,
Rien, du moins peu de chose, un misérable moule,
Un ovaire infécond sans l'œuvre de la poule.
Qui veut tout n'obtient rien, la sagesse le dit,
Et le gain ne s'acquiert que petit à petit!

Que je vous félicite, ô mes amis agrestes,
D'avoir fermé l'oreille à ces conseils funestes!
Votre simple bon sens a préjugé le mal
Qui devait sous bien peu vous être si fatal.
Vous auriez quelque temps, un mois, une semaine,
Un jour, que dis-je? une heure, eu dans un grand domaine
Une petite part, qu'il vous fallait bientôt
Partager, comme étant un trop splendide lot!
Et la misère ensuite, appelant tous les crimes,
Vous aurait dévorés tous, vous et vos victimes!
Mais jetons sur ces jours le voile de l'oubli :
Napoléon veillait, rien ne s'est accompli.

Lorsque par un Ciel pur, ma course vagabonde
Erre à travers les champs pour échapper au monde,
Si le travail lui laisse un instant de loisir,
Auprès du métayer j'éprouve du plaisir.
Nous nous entretenons de ce qui l'intéresse,
Du beau temps, de la pluie ou de la sécheresse,
De ses foins, de ses blés, de son croît de bétail.
Du produit de sa ferme et du prix de son bail,

Je reste émerveillé souvent de sa science,
Quand je ne lui croyais que de l'expérience.
Son savoir est le fruit de raisonnements sains,
Appuyés sur des faits observés et certains.
A ce mérite acquis, s'il joint encor la somme
Des qualités qui font le parfait honnête homme,
La conversation que l'on tient avec lui,
Durât-elle longtemps, n'engendre point l'ennui.

Mais ce que j'aime encor, davantage peut-être,
C'est de trouver parfois le journalier champêtre,
De le voir au travail, sans se croiser les bras,
Occupé, que le maître y soit ou n'y soit pas,
De causer avec lui quand l'*Angelus* qui tinte,
L'avertit que du jour la lumière est éteinte.
Harassé, comme il l'est, et cela se conçoit,
C'est un bonheur pour lui de regagner son toit,
De revoir ses marmots qui, debout sur la porte,
L'attendent pour compter les gros sous qu'il rapporte,
Et sa femme apprêtant pour le repas du soir
La gaude de maïs, la gaufre de blé noir.

Il en est cependant qui rentrent, l'âme triste,
Et dont je voudrais voir diminuer la liste.
Tels que ce journalier chagrin que son fléau
Demeurât inactif comme un sabre au fourreau.
De ses bras la batteuse avait rempli l'office,
Et bien qu'il rapportât le même bénéfice,
Il était mécontent, ses doigts étaient crispés,
Et je pus recueillir ces mots entrecoupés :

« Sommes-nous malheureux, ô pauvres mercenaires!
« Pourquoi nous arracher nos travaux ordinaires?
« On ne sait qu'inventer pour nous casser les bras!
« O maudite vapeur, c'est toi qui nous tueras!
« Encore quelque temps, la fatale machine
« Dont le bon Dieu devrait bien rompre un jour l'échine,
« Remplacera pour tout le travailleur des champs!
« Comment donner du pain à nos pauvres enfants? »
— « Rassurez-vous, brave homme, et m'écoutez, lui dis-je,
« La science enfantant chaque jour un prodige,
« N'a point, et ne peut point avoir d'autre dessein
« Que d'améliorer le sort de l'être humain;
« Que de diminuer d'une façon certaine
« Partout de l'ouvrier la fatigue et la peine.
« Qui vous dit le contraire, eh bien! celui-là ment;
« Dieu ne permettrait point qu'il en fût autrement.
« L'homme longtemps, toujours, aura besoin de l'homme,
« Mais ne l'emploîra plus comme bête de somme.
« Le travail ne peut point disparaître et toujours,
« Les champs appelleront votre utile concours.
« Avant que la vapeur aux bras de nos campagnes
« Ne laisse plus d'ouvrage, on verra les montagnes
« Partir de l'Orient, s'avancer vers le soir
« Et venir sans façon sur nos plaines s'asseoir. »

Comment cesserait-il lorsque le goût champêtre
Partout dans les esprits de plus en plus pénètre?
Qui possède aujourd'hui la plus simple villa,
En venant l'habiter, dit : le bonheur est là!
Nos riches tenanciers, nos grands propriétaires
Veulent maintenant vivre au milieu de leurs terres.

Alors les grands essais, les innovations,
Les grands défrîchements et les plantations,
Les vastes délaissés rendus à la culture,
La nappe d'eau changée en tapis de verdure,
Les parcs et les jardins, les caprices du goût,
Pour créer du travail changeant, remuant tout.

Désœuvrés imprudents qu'engourdit la paresse
A l'heure où contre vous la misère se dresse,
Ne dût-il que glaner un misérable épi,
Le journalier des champs reste-t-il assoupi ?
Si le travail lui manque au dehors, son courage
Saura bien au dedans lui trouver de l'ouvrage.
Il façonne le buis, fabrique ses outils,
Tresse l'osier flexible en mille objets gentils
Que sa femme au marché, sans rougir, porte vendre.
Et quand l'hiver sévit, qu'il gèle à pierre fendre,
Il va dans la forêt ramasser le bois mort,
En respectant celui chez qui la sève dort.
On ne le verra point, braconnier plein d'audace,
Du lièvre sur la neige interroger la trace,
L'atteindre en son terrier, pour aller, indigent,
Sans profit pour les siens en dépenser l'argent.

Le dimanche venu, c'est fête sous le chaume,
L'outil du travail dort, le manouvrier chôme.
Cet homme qu'ont lassé six longs jours de labeur,
Observe le repos qu'ordonne le Seigneur.
Sous le porche du temple, à genoux sur la pierre,
Il murmure tout bas sa modeste prière.

Que lui demande-t-il? Le travail quotidien :
Le travail c'est son pain; le travail c'est son bien.
Il lui demande aussi de bénir son ménage,
Sa femme, ses enfants tous encore en bas âge,
De le bénir lui-même, et l'office fini,
Il rentre avec l'espoir d'avoir été béni.

L'automne allait finir, assis sous un vieux hêtre,
Je crayonnais des vers sur mon album champêtre :
J'entends deux journaliers du village voisin.
L'un à l'autre vantait le doux jus du raisin :
« Allons, ne te fais point tirer ainsi l'oreille ;
« Reviens au bourg, je paie une bonne bouteille,
« Disait-il. J'ai reçu ma semaine aujourd'hui,
« Eh bien? nous la boirons : le vin chasse l'ennui.
« Tu le vois, mon ami, je suis un philosophe
« Qui ne crains, quand je bois, aucune catastrophe.
« La femme et les enfants feront ce qu'ils pourront;
« S'ils n'ont rien à manger, eh! bien, ils jeûneront.
« Ne faut-il pas, ma foi! que pour les faire vivre
« J'aille mourir de soif, et jamais ne m'enivre?
« Allons, viens, c'est dimanche. »—« Ah! combien je te plains!
Lui répond son ami. « Manger ainsi nos gains!
« Mais Dieu nous maudirait! Si tu voulais me croire,
« Tu t'en retournerais, et tu n'irais point boire.
« Je reviens de la messe et ma femme m'attend. »
Remontrance inutile; et chacun le comprend
Qui boit, boira toujours, il en était la preuve.
L'homme est à son début comme l'étoffe neuve,
Les plis une fois pris ne s'effaceront plus.
Aussi qu'arriva-t-il? Je l'ai vu tout perclus

Ce malheureux buveur, porté sur une sangle,
Aller à l'Hôtel-Dieu mourir dans un pauvre angle.
Sa famille sans chef implore la pitié,
Puisse un cœur généreux la prendre en amitié !
J'ai depuis visité la petite demeure
De ce bon journalier qui donnait tout à l'heure
Un conseil charitable à son indigne ami.
L'ordre, la propreté, rien n'y règne à demi.
Un jardinet fournit aux besoins du ménage ;
La femme l'ensemence, elle en fait le sarclage.
Une vache, au poil blanc, qu'elle mène au pâquis,
Les entretient de lait. C'est un bien-être acquis
Aux dépens des sueurs de l'homme et de la femme.
L'homme est au gouvernail, la femme tient la rame ;
En tournant les écueils qui hérissent le bord,
Le batelet ne peut qu'arriver à bon port.

C'est surtout dans le mois que Sirius embrâse,
Que sur l'homme des champs le jour pèse et l'écrase.
Frissonnant de la fièvre, un jeune journalier
Sous le feu du soleil, râlait sur son pailler ;
Sa femme moribonde au fond de sa cabane
Avait soif, et n'avait que de l'eau pour tisane ;
Deux enfants tout petits, amaigris par la faim,
Grignotaient en pleurant ce qui restait de pain.
Isolés au milieu des étangs de la Bresse,
Aucun voisin qui pût connaître leur détresse.
Passent quatre batteurs du bourg bien éloigné,
Ils posent leurs fléaux. Le malade est soigné,
La femme secourue et les deux enfants mangent.
Ces premiers soins donnés, nos braves gens arrangen

Deux brancards sur lesquels sont doucement placés
La femme et le mari. Les enfants embrassés,
Attendus bien des fois, suivent notre ambulance
Qui traverse à pas lents ces lieux pleins de silence.
Après plus d'une halte, on arrive au hameau;
Le presbytère, pauvre, accueille le fardeau,
Restaure les enfants, leur donne pour gardiennes
Des batteurs mariés les compagnes chrétiennes.
Deux mois ont amené complète guérison
Et la famille a pu rentrer en sa maison,
Que le propriétaire a su rendre plus saine.
Honneur à leurs sauveurs, comme eux hommes de peine!
Honneur au bon curé! Leur maître généreux,
De ces infortunés a fait des gens heureux.

Il est un triste usage et d'un abus funeste
Qui chez le journalier s'est introduit et reste,
Qui non-seulement prend le plus net de son gain,
Mais amène à la longue un désordre certain,
L'usage de la pipe, aliment de paresse,
Et trop souvent, hélas! instrument de détresse.
Elle sied au soldat, elle sied au marin,
Au paysan, jamais. Que celui d'outre Rhin
Marie à ses brouillards les vapeurs de sa pipe,
Laissons-lui son tabac, sa bière et sa tulipe.
Si notre journalier a vécu dans les camps,
Sans doute il portera cette habitude aux champs:
Qu'il ne fume jamais qu'aux heures de chômage,
Et pour ne point causer un sérieux dommage
Que tout son pauvre avoir ne pourrait réparer,
D'imprudence qu'au moins il sache se garer.

Manouvriers des champs, aux ouvriers des villes,
N'enviez ni leurs mœurs, ni leurs formes civiles ;
Ils sont plus exposés que vous à ces hasards
Qui traînent après eux de funestes écarts.
Leur salaire est plus fort, — la dépense plus forte,
Puis il leur faut compter avec la saison morte.
Et n'est-ce rien pour vous que l'air libre des champs,
Les rayons du soleil, les oiseaux et leurs chants,
Le spectacle si beau de la grande nature,
Déroulant sous vos yeux sa riante tenture,
Et dans un magnifique et splendide milieu,
Vous mettant chaque jour en présence de Dieu ?

J'ai fini, mes amis ; si ma Muse en ces lignes
Vous avait trop flattés ; vous les diriez indignes.
Jamais sincère ami ne flatta son ami.
Suivez votre sentier, le pied mieux affermi ;
Il conduit à l'honneur comme la grande route
Dont le tracé promet un beau parcours sans doute :
Mais souvent un obstacle y surgit sur les bords,
Où plus d'un char brillant court briser ses ressorts.

www.ingramcontent.com/pod-product-compliance
Ingram Content Group UK Ltd.
Pitfield, Milton Keynes, MK11 3LW, UK
UKHW020551230726
13925UKWH00006B/2534

9 782013 697453